Impressum
Verlag: BABADADA GmbH, Nedderfeld 112 , 22529 Hamburg
Geschäftsführer / Verlagsleitung: Harald Hof
Druck: Books on Demand GmbH, In de Tarpen 42, 22848 Norderstedt

Imprint
Publisher: BABADADA GmbH, Nedderfeld 112 , 22529 Hamburg, Germany
Managing Director / Publishing direction: Harald Hof
Print: Books on Demand GmbH, In de Tarpen 42, 22848 Norderstedt, Germany

# Šola

## училище

Razred
класна стая

Deljenje
деление

186/2

Tabla
черна дъска

Šolsko dvorišče
училищен двор

Učitelj
учител

Papir
хартия

Pisati
пиша

Pisalo
химикал

Pisalna miza
бюро

Ravnilo
линеал

Knjiga
книга

Učenec
ученик

Šolska torba

ученическа раница

Peresnica

ученически несесер

Svinčnik

молив

Šilček

острилка за моливи

Radirka

гума

Risalni blok

блок за рисуване

**Risba**

рисунка

**Čopič**

четка

**Vodene barvice**

акварелни бои

**Škarje**

ножица

**Lepilo**

лепило

**Zvezek**

тетрадка за упражнения

**Domača naloga**

домашна работа

**Število**

число

**Seštevanje**

събиране

**Odštevanje**

изваждане

**Množenje**

умножение

**Računanje**

смятане

**Črka**

буква

**Abeceda**

азбука

**Beseda**

дума

**Besedilo**

текст

**Brati**

чета

**Kreda**

тебешир

**Učna ura**

час

**Redovalnica**

дневник на класа

**Preizkus znanja**

изпит

**Spričevalo**

свидетелство

**Šolska uniforma**

ученическа униформа

**Izobrazba**

образование

**Enciklopedija**

справочник

**Univerza**

университет

**Mikroskop**

микроскоп

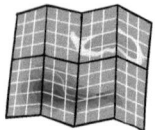

**Zemljevid**

карта

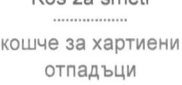

**Koš za smeti**

кошче за хартиени
отпадъци

# Potovanje

# пътуване

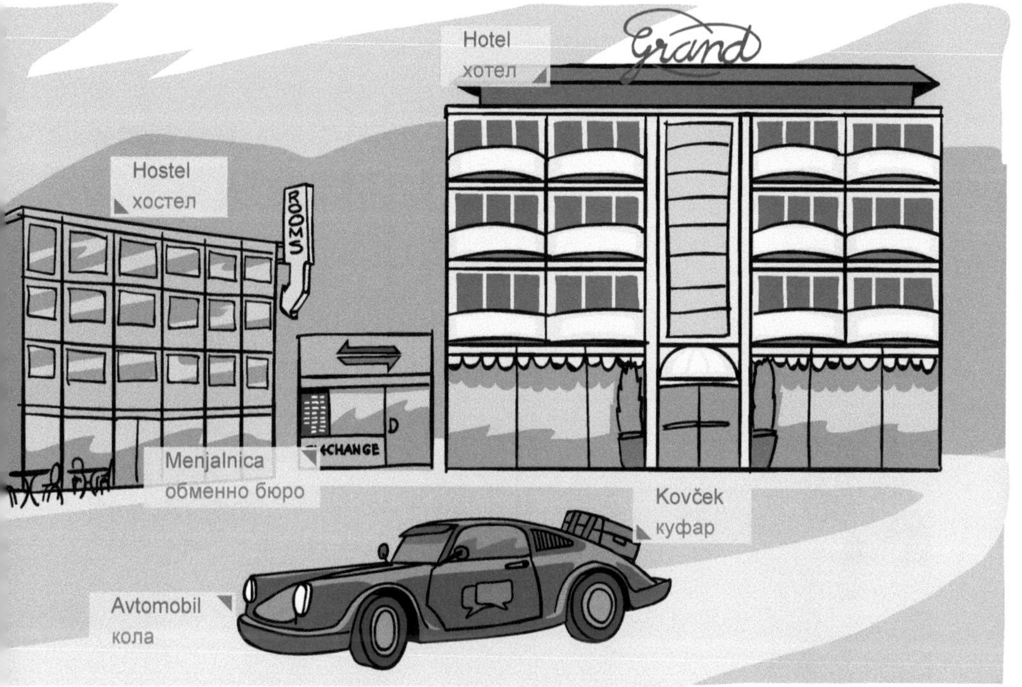

Hotel
хотел
Grand
Hostel
хостел
ROOMS
CHANGE
Menjalnica
обменно бюро
Kovček
куфар
Avtomobil
кола

Jezik

език

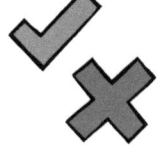

da / ne

да / не

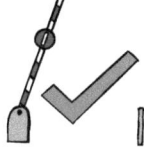

Prav

Окей

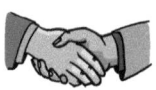

Pozdravljeni

здравей

Prevajalec

преводач

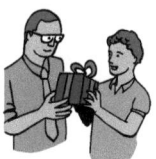

Hvala

Благодаря

Koliko stane...?

Колко струва...?

Ne razumem

Не разбирам

Težava

проблем

Dober večer!

Добър вечер!

Dobro jutro!

Добро утро!

Lahko noč!

Лека нощ!

Nasvidenje

довиждане

Smer

посока

Prtljaga

багаж

Torba

пътна чанта

Nahrbtnik

раница

Gost

посетител

Soba

стая

Spalna vreča

спален чувал

Šotor

палатка

Turistične informacije

ристическа информация

Plaža

плаж

Kreditna kartica

кредитна карта

Zajtrk

закуска

Kosilo

обед

Večerja

вечеря

Vozovnica

билет

Dvigalo

асансьор

Znamka

пощенска марка

Meja

граница

Carina

митница

Veleposlaništvo

посолство

Vizum

виза

Potni list

паспорт

# Prevoz

# транспорт

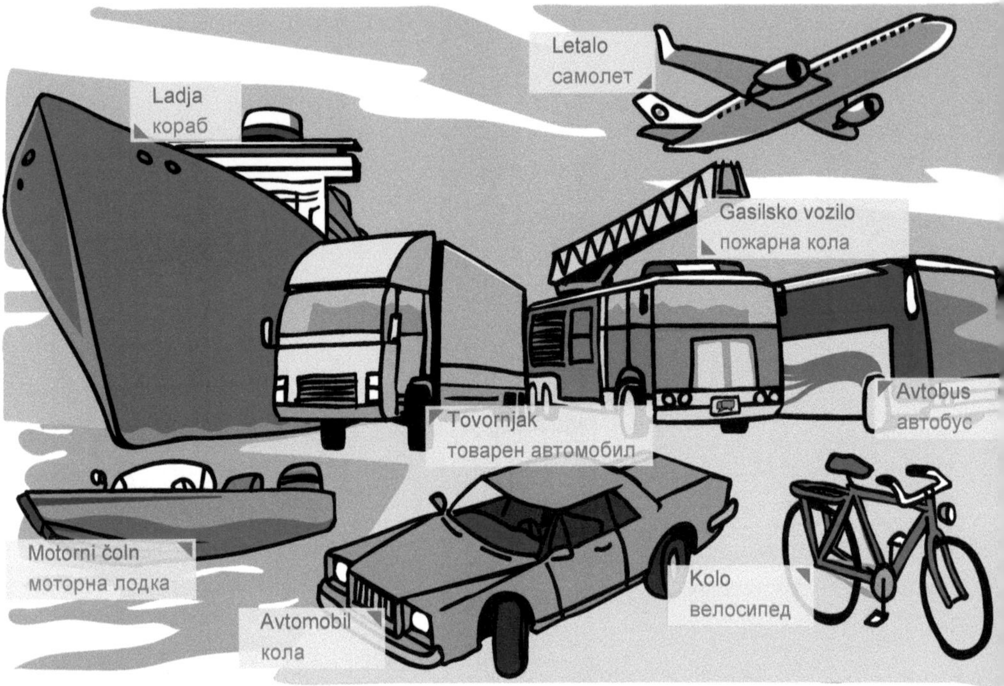

Letalo
самолет
Ladja
кораб
Gasilsko vozilo
пожарна кола
Avtobus
автобус
Tovornjak
товарен автомобил
Motorni čoln
моторна лодка
Kolo
велосипед
Avtomobil
кола


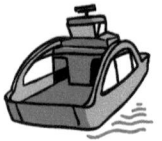

Trajekt

фериботт

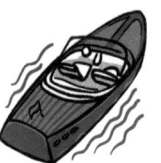

Čoln

лодка

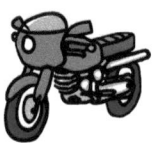

Motorno kolo

мотоциклет

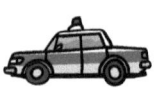

Policijski avto

полицейска кола

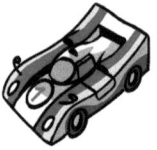

Dirkalni avto

състезателна кола

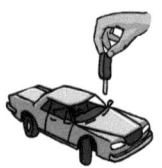

Najeto vozilo

кола под наем

Souporaba avtomobila

каршеринг

Avtovleka

автомобил от "Пътна помощ"

Smetarsko vozilo

сметовоз

Motor

двигател

Gorivo

бензин

Bencinska postaja

бензиностанция

Prometni znak

пътен знак

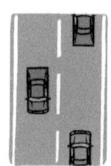

Promet

улично движение

Zastoj

задръстване

Parkirišče

паркинг

Železniška postaja

гара

Tirnice

релси

Vlak

влак

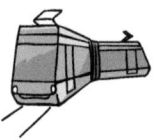

Tramvaj

трамвай

Vagon

вагон

Helikopter

хеликоптер

Letališče

аерогара

Stolp

кула

Potnik

пасажер

Kontejner

контейнер

Karton

кашон

Voziček

ръчна количка

Košara

кошница

vzleteti / pristati

излитам / приземявам се

## Mesto

## град

Vas

село

Mestno jedro

градски център

Hiša

къща

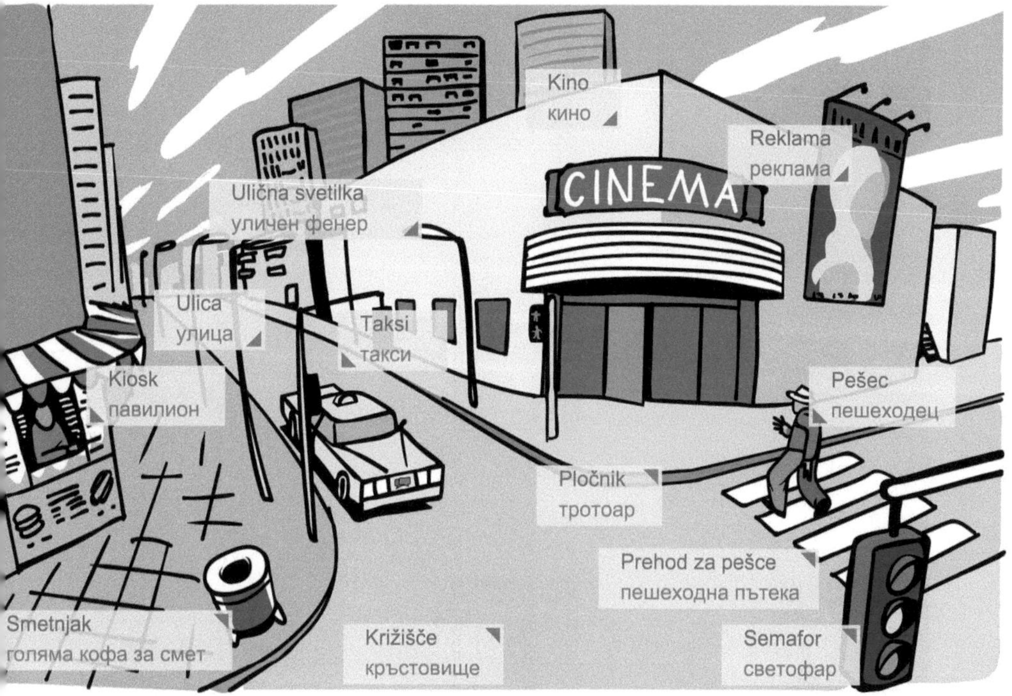

Kino
кино

Reklama
реклама

Ulična svetilka
уличен фенер

CINEMA

Ulica
улица

Taksi
такси

Pešec
пешеходец

Kiosk
павилион

Pločnik
тротоар

Prehod za pešce
пешеходна пътека

Smetnjak
голяма кофа за смет

Križišče
кръстовище

Semafor
светофар

Koča

хижа

Stanovanje

жилище

Železniška postaja

гара

Mestna hiša

кметство

Muzej

музей

Šola

училище

Mesto - град

**Univerza**

университет

**Banka**

банка

**Bolnišnica**

болница

**Hotel**

хотел

**Lekarna**

аптека

**Pisarna**

офис

**Knjigarna**

книжарница

**Trgovina**

магазин за цветя

**Cvetličarna**

магазин за цветя

**Supermarket**

супермаркет

**Tržnica**

пазар

**Veleblagovnica**

универсален магазин

**Ribarnica**

търговец на риба

**Nakupovalno središče**

търговски център

**Pristanišče**

пристанище

Park

парк

Klop

пейка

Most

мост

Stopnice

стълба

Podzemna železnica

метро

Predor

тунел

Avtobusno postajališče

автобусна спирка

Bar

бар

Restavracija

ресторант

Poštni nabiralnik

пощенска кутия

Ulična tabla

улична табелка

Parkirna ura

часовник за паркинг
престой

Živalski vrt

зоологическа градина

Kopališče

плувен басейн

Mošeja

джамия

**Kmetija**

селски двор

**Onesnaževanje**

замърсяване на околната среда

**Pokopališče**

гробище

**Cerkev**

църква

**Otroško igrišče**

детска площадка

**Tempelj**

храм

# Pokrajina

## пейзаж

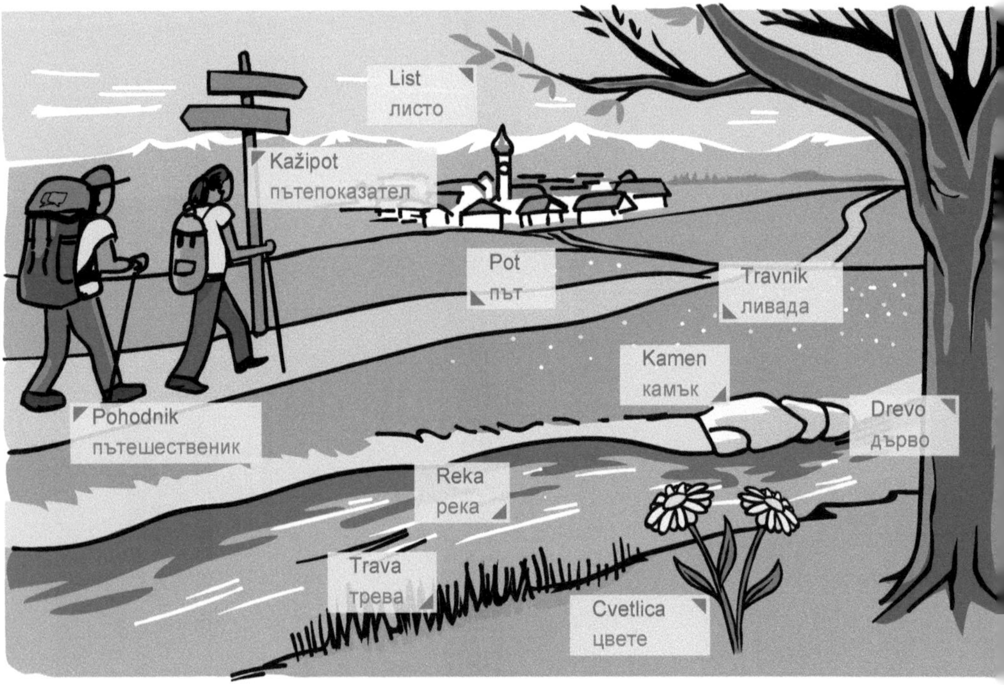

List
листо

Kažipot
пътепоказател

Pot
път

Travnik
ливада

Kamen
камък

Pohodnik
пътешественик

Drevo
дърво

Reka
река

Trava
трева

Cvetlica
цвете

| | | |
|---|---|---|
|  |  |  |
| **Dolina** | **Hrib** | **Jezero** |
| долина | планина | море |
|  | 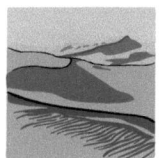 |  |
| **Gozd** | **Puščava** | **Vulkan** |
| гора | пустиня | вулкан |
|  |  |  |
| **Grad** | **Mavrica** | **Goba** |
| замък | дъга | гъба |
|  |  |  |
| **Palma** | **Komar** | **Muha** |
| палма | комар | муха |
| |  |  |
| **Mravlja** | **Čebela** | **Pajek** |
| мравка | пчела | паяк |

Hrošč

бръмбар

Žaba

жаба

Veverica

катеричка

Jež

таралеж

Zajec

заек

Sova

кукумявка

Ptič

птица

Labod

лебед

Divji prašič

диво прасе

Jelen

елен

Los

лос

Jez

бент

Vetrnica

вятърна турбина

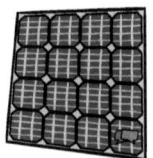

Solarna plošča

соларен модул

Podnebje

климат

# Restavracija

## ресторант

Natakar
келнер
Jedilnik
меню
Stol
стол
Juha
супа
Pica
пица
Prt
покривка за маса
Pribor
прибори за хранене


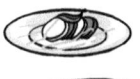

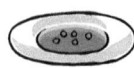

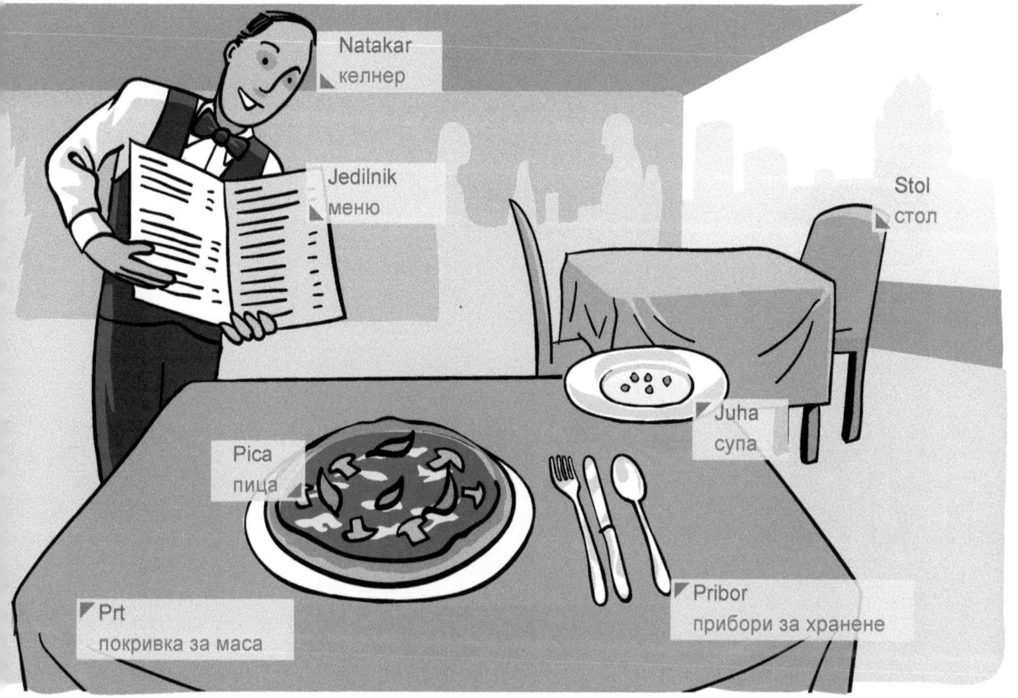

Predjed

предястие

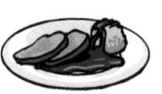

Glavna jed

основно ястие

Sladica

десерт

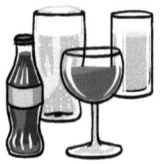

Pijače

напитки

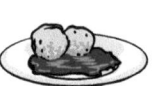

Hrana

ядене

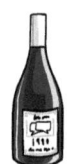

Steklenica

бутилка

**Hitra hrana**

бързо хранене

**Ulična hrana**

улична храна

**Čajnik**

кана за чай

**Sladkornica**

кутия за захар

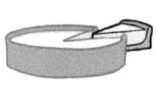

**Porcija**

порция

**Aparat za espresso**

еспресо машина

**Stolček za hranjenje**

висок детски стол

**Račun**

сметка

**Pladenj**

табла

**Nož**

ножица за нокти

**Vilica**

вилица

**Žlica**

лъжица

**Čajna žlička**

чаена лъжичка

**Servieta**

салфетка

**Kozarec**

стъклена чаша

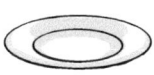

**Krožnik**

чиния

**Globoki krožnik**

чиния за супа

**Krožniček**

чинийка

**Omaka**

сос

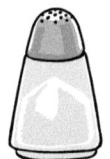

**Solnica**

солница

**Mlinček za poper**

мелничка за черен пипер

**Kis**

оцет

**Olje**

олио

**Začimbe**

подправки

**Kečap**

кетчуп

**Gorčica**

горчица

**Majoneza**

майонеза

# Supermarket
# супермаркет

Posebna ponudba
оферта
FOR
Stranka
клиент
Mlečni izdelki
млечни продукти
Sadje
плодове
Nakupovalni voziček
количка за покупки

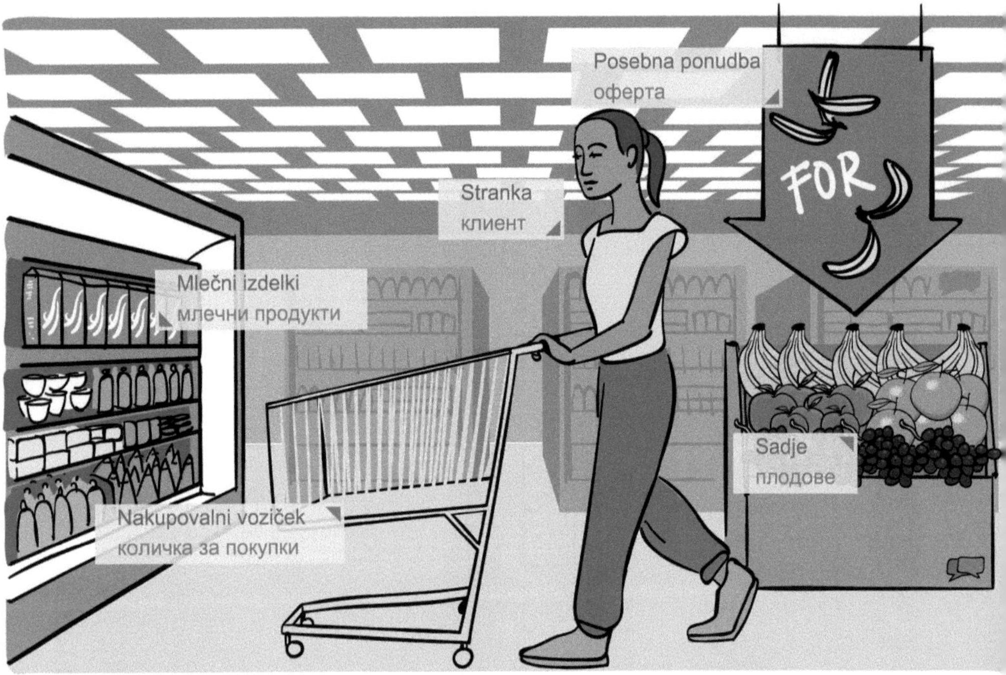

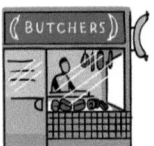

BUTCHERS

Mesnica
кланица

BAKERY

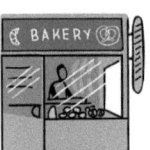

Pekarna
хлебарница

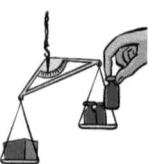

Tehtati
тегля

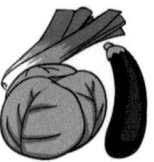

Zelenjava
зеленчуци

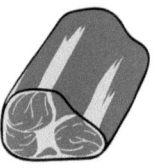

Meso
месо

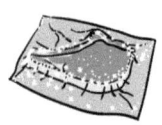

Zamrznjena hrana
дълбоко замразена храна

**Hladne mesnine**

нарязан колбас или сирене

**Konzerve**

консерви

**Pralni prašek**

перилен препарат

**Sladkarije**

лакомства

**Gospodinjski izdelki**

домакински изделия

**Čistilno sredstvo**

почистващи препарати

**Prodajalka**

продавачка

**Blagajna**

каса

**Blagajnik**

касиер

**Nakupovalni seznam**

списък на покупките

**Delovni čas**

работно време

**Denarnica**

портфейл

**Kreditna kartica**

кредитна карта

**Torba**

чанта

**Plastična vrečka**

пластмасова торба

Voda

вода

Sok

сок

Mleko

мляко

Kola

кола

Vino

вино

Pivo

бира

Alkohol

алкохол

Kakav

какао

Čaj

чай

Kava

кафе машина

Espresso

еспресо

Kapučino

капучино

Banana

банан

Jabolko

ябълка

Pomaranča

портокал

Lubenica

пъпеш

Limona

лимон

Korenje

морков

Česen

чесън

Bambus

бамбук

Čebula

лук

Goba

гъба

Oreščki

ядки

Rezanci

макарони

Špageti

спагети

Riž

ориз

Solata

салата

Ocvrt krompirček

пържени картофи

Pečen krompir

печени картофи

Pica

пица

Hamburger

хамбургер

Sendvič

сандвич

Zrezek

шницел

Šunka

шунка

Salama

траен колбас

Klobasa

салам

Piščanec

пиле

Pečenka

печено

Riba

риба

**Ovseni kosmiči**

овесени ядки

**Musli**

мюсли

**Koruzni kosmiči**

корнфлейкс

**Moka**

брашно

**Rogljiček**

кроасан

**Žemlja**

хлебчета

**Kruh**

хляб

**Prepečenec**

препечена филийка

**Piškoti**

бисквити

**Maslo**

масло

**Skuta**

извара

**Torta**

сладкиш

**Jajce**

яйце

**Pečeno jajce na oko**

яйца на очи

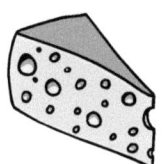

**Sir**

сирене

Sladoled

сладолед

Sladkor

захар

Med

мед

Marmelada

мармалад

Čokoladni namaz

нуга крем

Kari

къри

# Kmetija

## селски двор

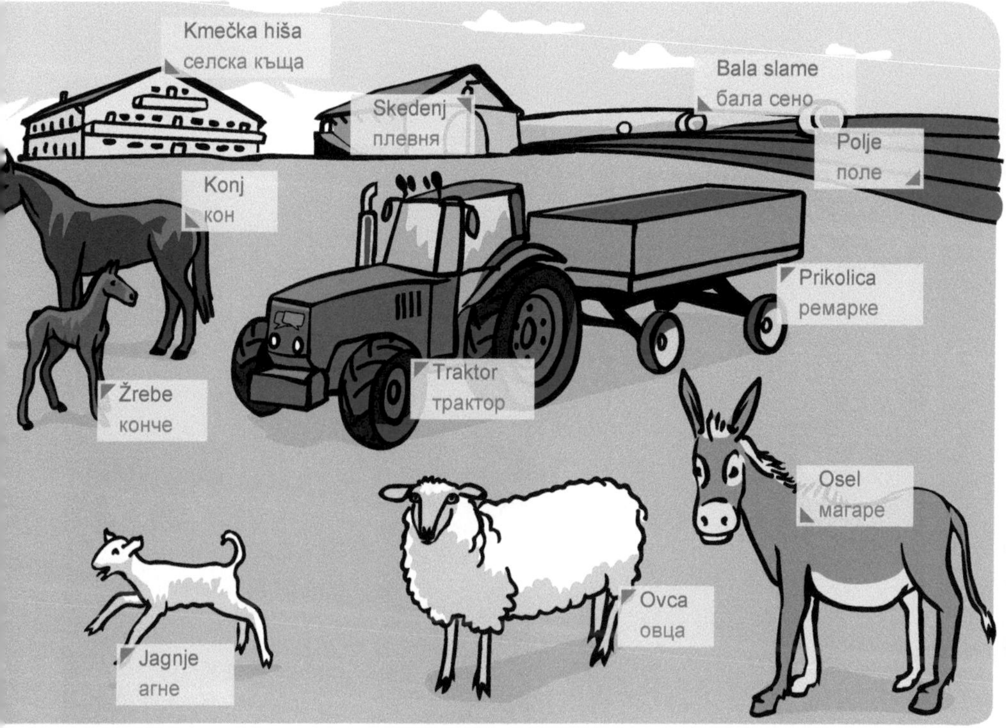
Kmečka hiša
селска къща
Bala slame
бала сено
Skedenj
плевня
Polje
поле
Konj
кон
Prikolica
ремарке
Traktor
трактор
Žrebe
конче
Osel
магаре
Ovca
овца
Jagnje
агне

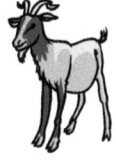

Koza

коза

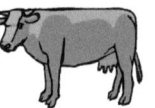

Krava

крава

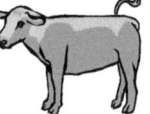

Tele

теле

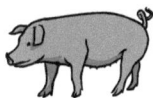

Prašič

свиня

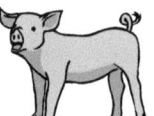

Pujsek

прасенце

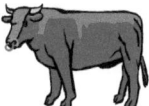

Bik

бик

**Gos**

гъска

**Raca**

патица

**Piščanec**

пиленце

**Kokoš**

кокошка

**Petelin**

петел

**Podgana**

плъх

**Mačka**

котка

**Miš**

мишка

**Vol**

вол

**Pes**

куче

**Pasja uta**

кучешка колиба

**Cev za zalivanje**

градински маркуч

**Kangla za zalivanje**

лейка

**Kosa**

коса

**Plug**

плуг

**Srp**

сърп

**Motika**

мотика

**Vile**

вила за тор

**Sekira**

брадва

**Samokolnica**

ръчна количка

**Korito**

корито

**Kangla za mleko**

съд за мляко

**Vreča**

чувал

**Ograja**

ограда

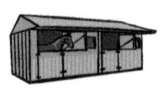

**Hlev**

обор

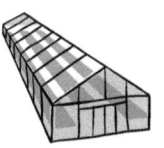

**Rastlinjak**

парник

**Prst**

земя

**Seme**

сеитба

**Gnojilo**

тор

**Kombajn**

комбайн

Žeti

жъна

Žetev

реколта

Jam

ямс

Pšenica

жито

Soja

соя

Krompir

картоф

Koruza

царевица

Oljna ogrščica

рапица

Sadno drevo

овощно дърво

Maniok

маниока

Žito

зърнени храни

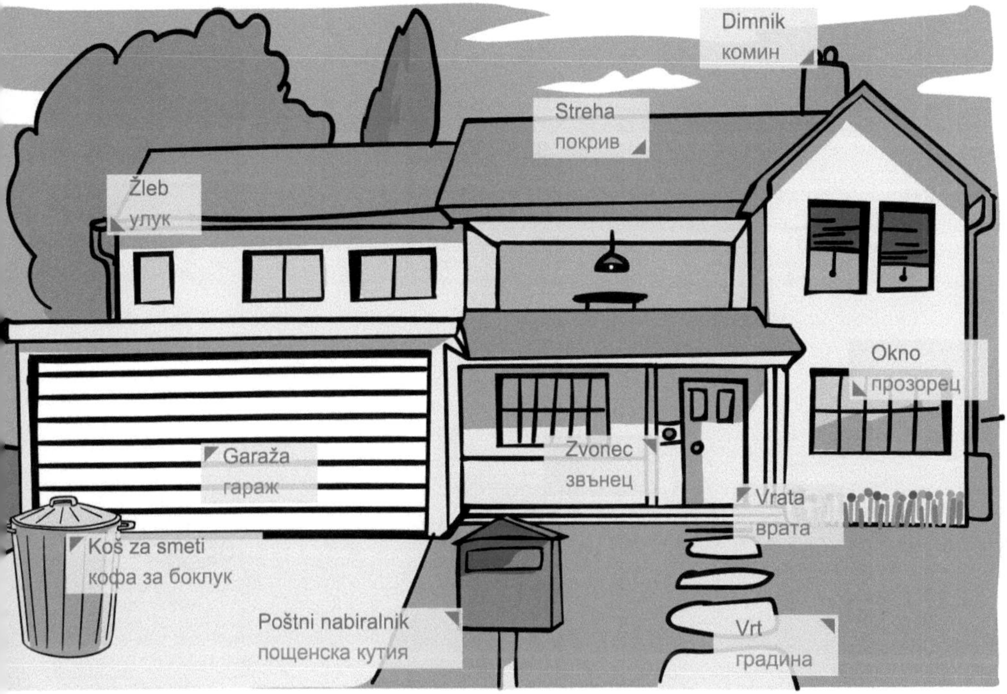

Dimnik
комин

Streha
покрив

Žleb
улук

Okno
прозорец

Garaža
гараж

Zvonec
звънец

Vrata
врата

Koš za smeti
кофа за боклук

Poštni nabiralnik
пощенска кутия

Vrt
градина

Dnevna soba

всекидневна

Kopalnica

баня

Kuhinja

кухня

Spalnica

спалня

Otroška soba

детска стая

Jedilnica

трапезария

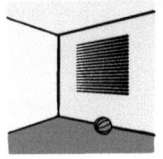

**Tla**

под

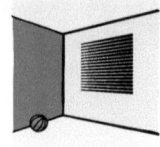

**Stena**

стена

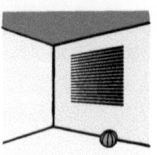

**Strop**

таван

**Klet**

изба

**Savna**

сауна

**Balkon**

балкон

**Terasa**

тераса

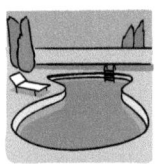

**Bazen**

плувен басейн

**Kosilnica**

косачка

**Rjuha**

спално бельо

**Posteljno pregrinjalo**

покривка за легло

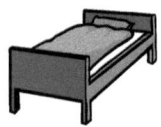

**Postelja**

легло

**Metla**

метла

**Vedro**

кофа

**Stikalo**

електрически ключ

# Dnevna soba
## всекидневна

Tapeta
тапет
Slika
картина
Svetilka
лампа
Polica
рафт
Omara
шкаф
Televizor
телевизор
Kamin
камина
Cvetlica
цвете
Blazina
възглавница
Zofa
канапе
Vaza
ваза
Daljinski upravljalnik
дистанционно управление

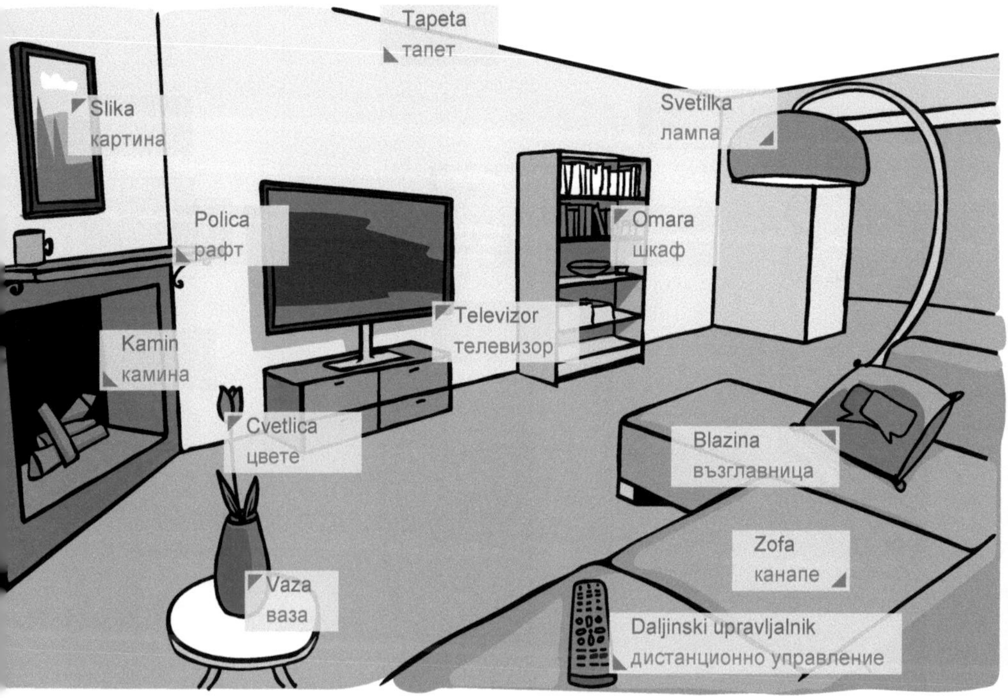

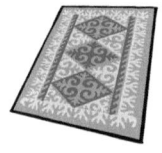

Preproga
килим

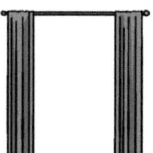

Zavesa
завеса

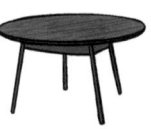

Miza
маса

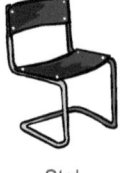

Stol
стол

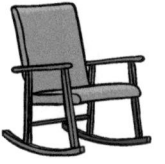

Gugalnik
люлеещ се стол

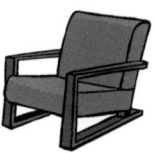

Naslanjač
кресло

**Knjiga**

книга

**Odeja**

одеяло

**Dekoracija**

декорация

**Drva**

дърва за отопление

**Film**

филм

**Glasbeni stolp**

стерео уредба

**Ključ**

ключ

**Časopis**

вестник

**Slika**

живопис

**Plakat**

постер

**Radio**

радио

**Beležka**

бележник

**Sesalnik**

прахосмукачка

**Kaktus**

кактус

**Sveča**

свещ

# Kuhinja
## кухня

Hladilnik
хладилник
Mikrovalovna pečica
микровълнова фурна
Kuhinjska tehtnica
кухненска везна
Opekač
тостер
Detergent
почистващо средство
Pečica
фурна
Zamrzovalnik
хладилна камера
Koš za smeti
кофа за боклук
Pomivalni stroj
миялна машина

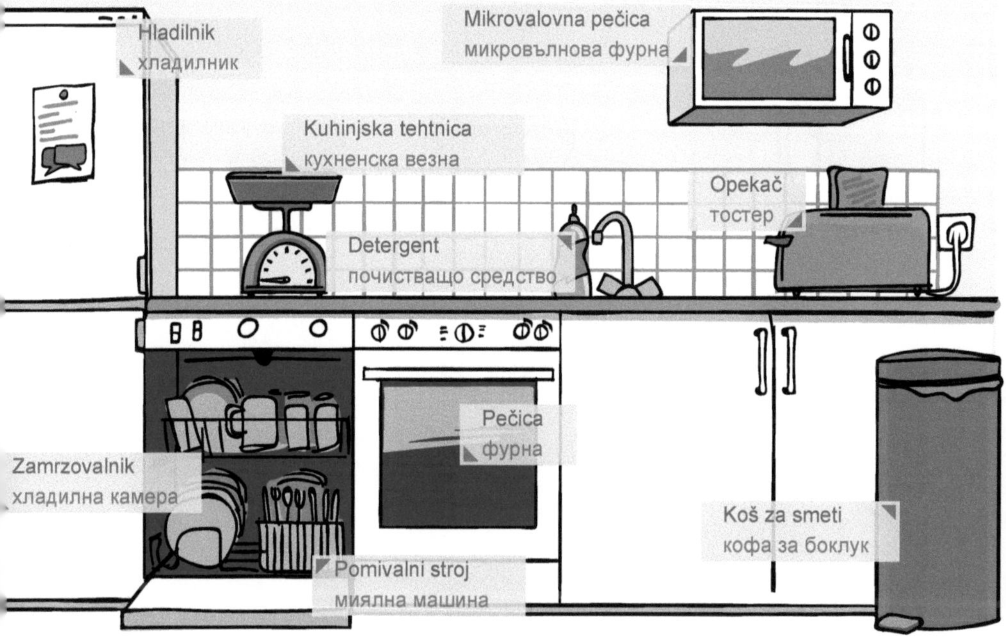

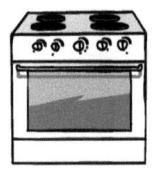

Kozica

готварска печка

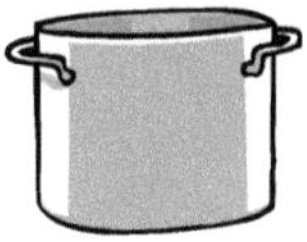

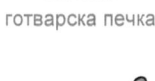

Lonec

тенджера

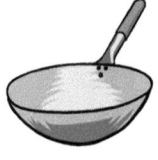

Litoželezni lonec

желязна тенджера

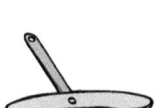

Vok / kadai

уок / кадаи

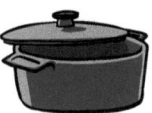

Ponev

тиган

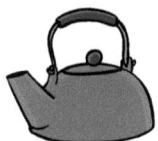

Kotliček

кана за затопляне на вода

**Parni kuhalnik**

уред за готвене на пара

**Pekač**

тава за печене

**Posoda**

съдове

**Skodelica**

чаша

**Skleda**

купа

**Jedilne paličice**

клечки за хранене

**Zajemalka**

черпак

**Lopatica**

лопатка за тиган

**Metlica**

тел за разбиване (на яйца, белтъци)

**Cedilnik**

кошница за варене

**Cedilo**

гевгир

**Strgalo**

ренде

**Možnar**

хаван

**Žar**

барбекю

**Ognjišče**

огнище

Deska za rezanje

дъска

Valjar

точилка

Odpirač za steklenice

тирбушон

Pločevinka

кутия

Odpirač za konzerve

отварачка за консерви

Prijemalka za posodo

кухненска ръкохватка

Korito

мивка

Ščetka

четка

Goba

гъба

Mešalnik

миксер

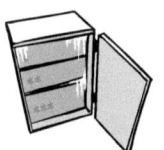

Zamrzovalna skrinja

фризер

Steklenička

бебешко шише

Pipa

воден кран

# Kopalnica

# баня

Ogrevanje
отопление
Brisača
хавлиена кърпа
Prha
душ
Zavesa za prho
завеса за баня
Peneča kopel
шампоан за вана
Kopalna kad
вана
Kozarec
стъклена чаша
Pralni stroj
перална машина
Pipa
воден кран
Ploščice
плочки
Kahlica
гърне
Korito
мивка


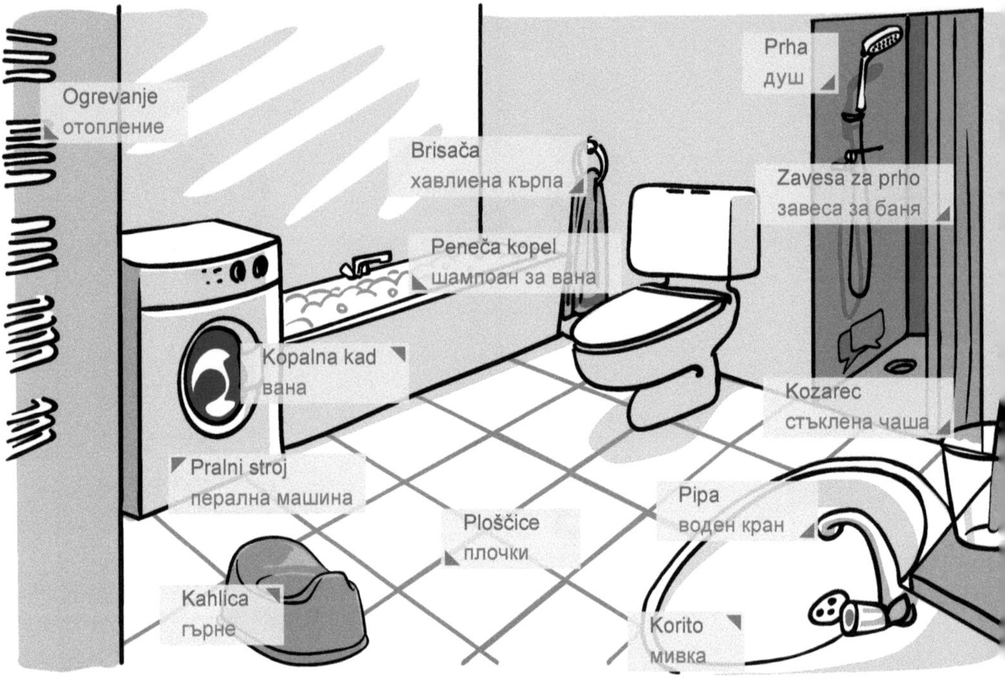

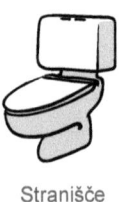

Stranišče

тоалетна

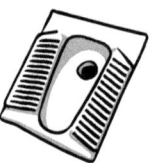

Stranišče na počer

клекало

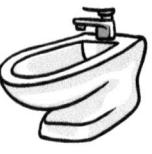

Bide

биде

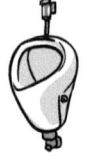

Pisoar

писоар

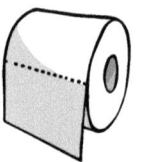

Toaletni papir

тоалетна хартия

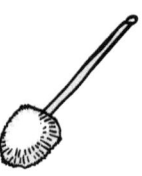

Ščetka za straniščno školjko

четка за тоалетна

**Zobna ščetka**

четка за зъби

**Zobna pasta**

паста за зъби

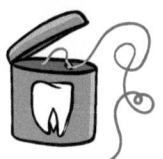

**Zobna nitka**

конец за зъби

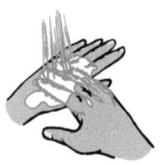

**Umiti se**

мия

**Ročna prha**

ръчен душ

**Prha za intimne dele**

интимен душ

**Umivalnik**

леген

**Krtača za hrbet**

четка за гръб

**Milo**

сапун

**Gel za prhanje**

душ гел

**Šampon**

шампоан за вана

**Krpica za miljenje**

гъба за баня

**Odtok**

сифон

**Krema**

крем

**Deodorant**

дезодорант

**Ogledalo**

огледало

**Ročno ogledalo**

козметично огледало

**Britvica**

ръчна самобръсначка

**Pena za britje**

пяна за бръснене

**Vodica po britju**

одеколон за след бръснене

**Glavnik**

гребен

**Ščetka**

четка

**Sušilnik za lase**

сешоар

**Lak za lase**

спрей за коса

**Ličila**

грим

**Šminka**

червило

**Lak za nohte**

лак за нокти

**Vatirane blazinice**

памук

**Škarjice za nohte**

ножица за нокти

**Parfum**

парфюм

Toaletna torbica

тоалетна чантичка

Stol brez naslonjala

табуретка

Osebna tehtnica

везна

Kopalni plašč

хавлия

Gumijaste rokavice

домакински ръкавици

Tampon

тампон

Damski vložki

дамски превръзки

Kemično stranišče

химическа тоалетна

# Otroška soba

## детска стая

Budilka
будилник
Plišasta igrača
плюшена играчка
Avtomobilček
автомобил играчка
Ropotuljica
дрънкалка
Hiška za punčke
къща за кукли
Darilo
подарък


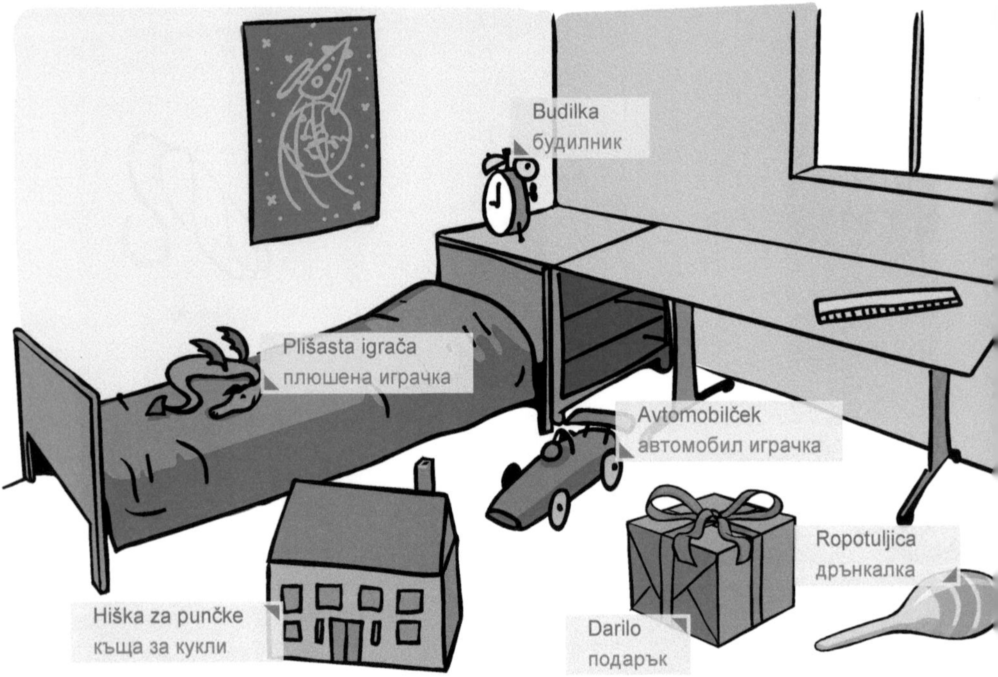

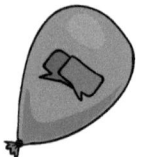

Balon

балон

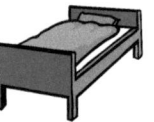

Postelja

легло

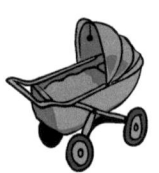

Otroški voziček

детска количка

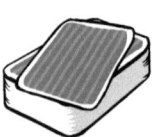

Igralne karte

игра на карти

Sestavljanka

пъзел

SUPER
MEGA


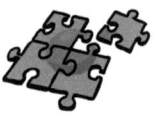

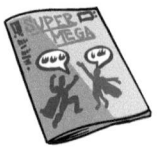

Strip

комикс

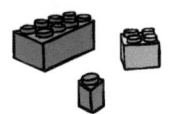

**Lego kocke**

лего елементи

**Igralne kocke**

строителни елементи

**Akcijska figura**

екшън фигурка

**Bodi**

бебешки гащеризон

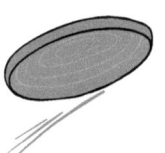

**Frizbi**

фрисби

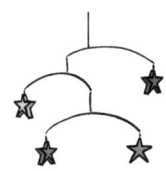

**Vrtiljak za posteljico**

бебешки играчки за легло

**Namizna igra**

настолна игра

**Kocka**

зарче

**Komplet modelov vlakov**

миниатюрно влакче

**Duda**

биберон

**Zabava**

парти

**Slikanica**

детска книга с илюстрации

**Žoga**

топка

**Lutka**

кукла

**Igrati se**

играя

Peskovnik

пясъчник

Gugalnica

люлка

Igrače

играчка

Igralna konzola

игрова конзола

Tricikel

велосипед с три колелета

Plišasti medvedek

плюшено мече

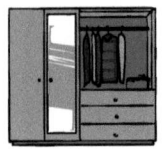

Garderoba

гардероб

# Oblačilo

## облекло

Nogavice

къси чорапи

Samostoječe nogavice

дълги чорапи

Hlačne nogavice

чорапогащник

Šal
шал

Pas
колан

Dežnik
чадър

Majica s kratkimi rokavi
Т-шърт

Škornji
ботуши

Copati
пантофи

Športni copati
гуменки

Sandali
.................
сандали

Čevlji
.................
обувки

Gumijasti škornji
.................
гумени ботуши

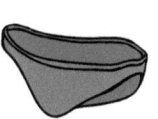

Spodnje hlače
.................
слип

Modrček
.................
сутиен

Telovnik
.................
долна блуза

Oblačilo - облекло

**Bodi**

боди

**Hlače**

панталон

**Kavbojke**

дънки

**Krilo**

пола

**Bluza**

блуза

**Srajca**

риза

**Pulover**

пуловер

**Pletena jopica**

суичър

**Jopa**

блейзър

**Jakna**

яке

**Plašč**

палто

**Dežni plašč**

дъждобран

**Kostim**

костюм

**Obleka**

рокля

**Poročna obleka**

булчинска рокля

**Obleka**
костюм

**Spalna srajca**
нощница

**Pižama**
пижама

**Sari**
сари

**Naglavna ruta**
кърпа за глава

**Turban**
тюрбан

**Burka**
бурка

**Kaftan**
кафтан

**Abaja**
абая

**Kopalke**
бански костюм

**Kopalne hlače**
плувни шорти

**Kratke hlače**
къс панталон

**Trenirka**
анцуг

**Predpasnik**
престилка

**Rokavice**
ръкавици

Gumb

копче

Očala

очила

Zapestnica

гривна

Verižica

верижка

Prstan

пръстен

Uhan

обеца

Kapa

каскет

Obešalnik

закачалка

Klobuk

шапка

Kravata

вратовръзка

Zadrga

цип

Čelada

каска

Naramnice

тиранти

Šolska uniforma

ученическа униформа

Uniforma

униформа

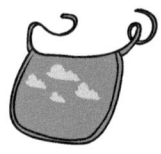

Slinček

лигавник

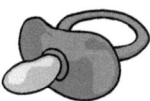

Duda

биберон

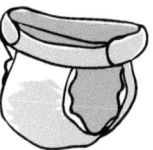

Plenica

пелена

# Pisarna

## офис

Strežnik
сървър
Kartotečna omara
шкаф за документи
Tiskalnik
принтер
Papir
хартия
Monitor
монитор
Miška
мишка
Pisalna miza
бюро
Mapa
папка
Tipkovnica
клавиатура
Koš za smeti
кошче за хартиени отпадъци
Stol
стол
Računalnik
компютър


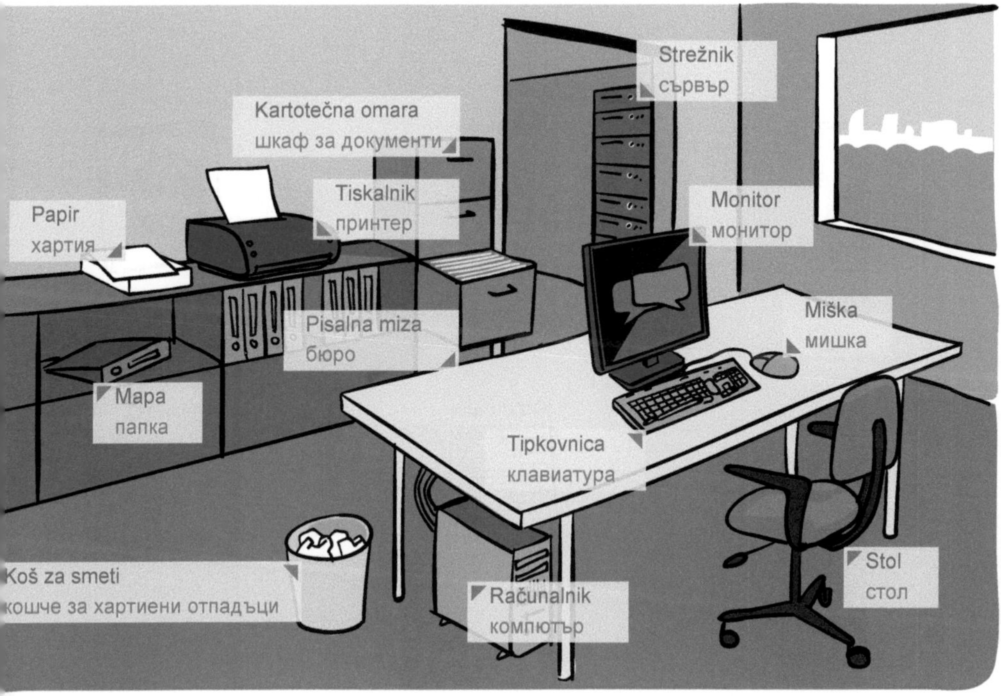

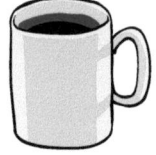

Lonček za kavo

чаша за кафе

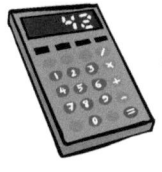

Kalkulator

джобен калкулатор

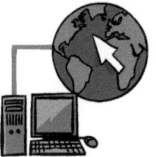

Internet

интернет

**Prenosnik**

лаптоп

**Pismo**

писмо

**Sporočilo**

съобщение

**Mobilnik**

мобилен телефон

**Omrežje**

мрежа

**Kopirni stroj**

ксерокс

**Programska oprema**

софтуер

**Telefon**

телефон

**Vtičnica**

контакт

**Telefaks**

факс

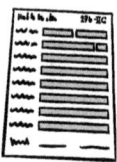

**Obrazec**

формуляр

**Dokument**

документ

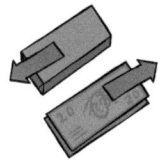

Kupiti

купувам

Plačati

плащам

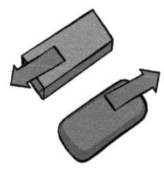

Trgovati

търгувам

Denar

пари

Dolar

долар

Evro

евро

Jen

йена

Rubelj

рубла

Švičarski frank

швейцарски франк

Kitajski juan renminbi

ренминби юан

Rupija

рупия

Bankomat

банкомат

**Menjalnica**

обменно бюро

**Zlato**

злато

**Srebro**

сребро

**Nafta**

нефт

**Energija**

енергия

**Cena**

цена

**Pogodba**

договор

**Davek**

данък

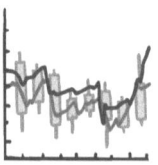

**Delnice**

акция

**Delati**

работя

**Delojemalec**

служител

**Delodajalec**

работодател

**Tovarna**

фабрика

**Trgovina**

магазин за цветя

**Policist**
полицай

**Gasilec**
пожарникар

**Pilot**
пилот

**Zdravnik**
лекар

**Kuhar**
готвач

Vrtnar

градинар

Mizar

мебелист

Šivilja

шивачка

Sodnik

съдия

Kemik

химик

Igralec

артист

**Voznik avtobusa**

шофьор на автобус

**Taksist**

шофьор на такси

**Ribič**

рибар

**Čistilka**

чистачка

**Krovec**

майстор на покриви

**Natakar**

келнер

**Lovec**

ловец

**Pleskar**

художник

**Pek**

хлебар

**Električar**

електротехник

**Gradbenik**

строителен работник

**Inženir**

инженер

**Mesar**

касапин

**Vodovodni inštalater**

тенекеджия

**Poštar**

пощальон

**Vojak**

войник

**Arhitekt**

архитект

**Blagajnik**

касиер

**Cvetličar**

цветар

**Frizer**

фризьор

**Sprevodnik**

кондуктор

**Mehanik**

механик

**Kapitan**

капитан

**Zobozdravnik**

зъболекар

**Znanstvenik**

научен работник

**Rabin**

равин

**Imam**

имàм

**Menih**

монах

**Duhovnik**

свещеник

# Orodje

## инструменти

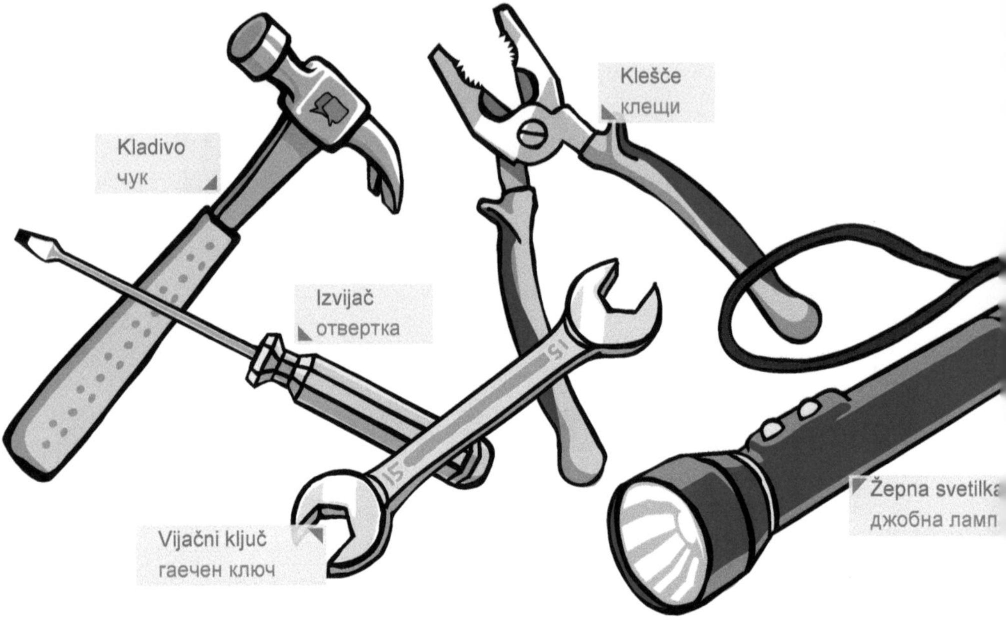
Kladivo
чук
Klešče
клещи
Izvijač
отвертка
Vijačni ključ
гаечен ключ
Žepna svetilka
джобна ламп

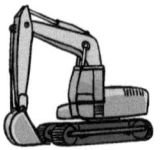

Bager

багер

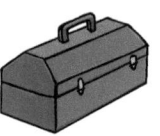

Zaboj z orodjem

кутия за инструменти

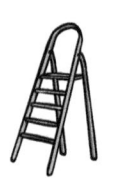

Lestev

стълба

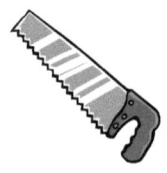

Žaga

трион

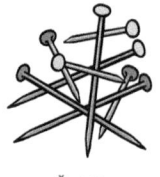

Žeblji

пирони

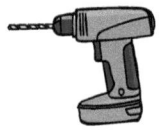

Vrtalnik

бормашина

Popraviti

ремонтирам

Lopata

лопата

Šment!

По дяволите!

Smetišnica

лопатка за смет

Posoda z barvo

кутия за боя

Vijaki

болтове

# Glasbeni instrument
## музикални инструменти

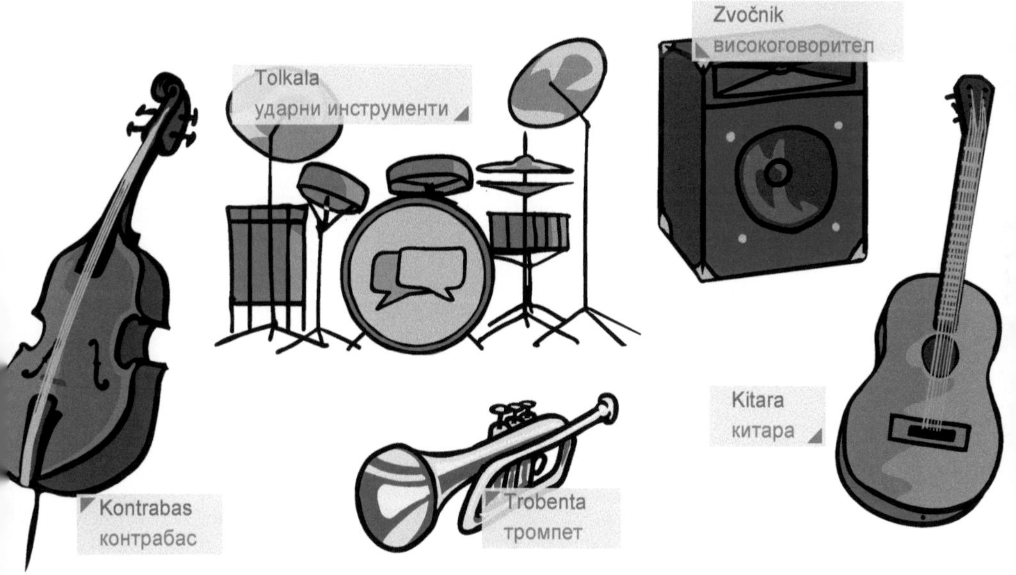

Zvočnik
високоговорител

Tolkala
ударни инструменти

Kitara
китара

Kontrabas
контрабас

Trobenta
тромпет

Klavir

пиано

Violina

виолина

Bas kitara

контрабас

Pavke

тимпан

Bobni

барабан

Sintetizator

електрическо пиано

Saksofon

саксофон

Flavta

флейта

Mikrofon

микрофон

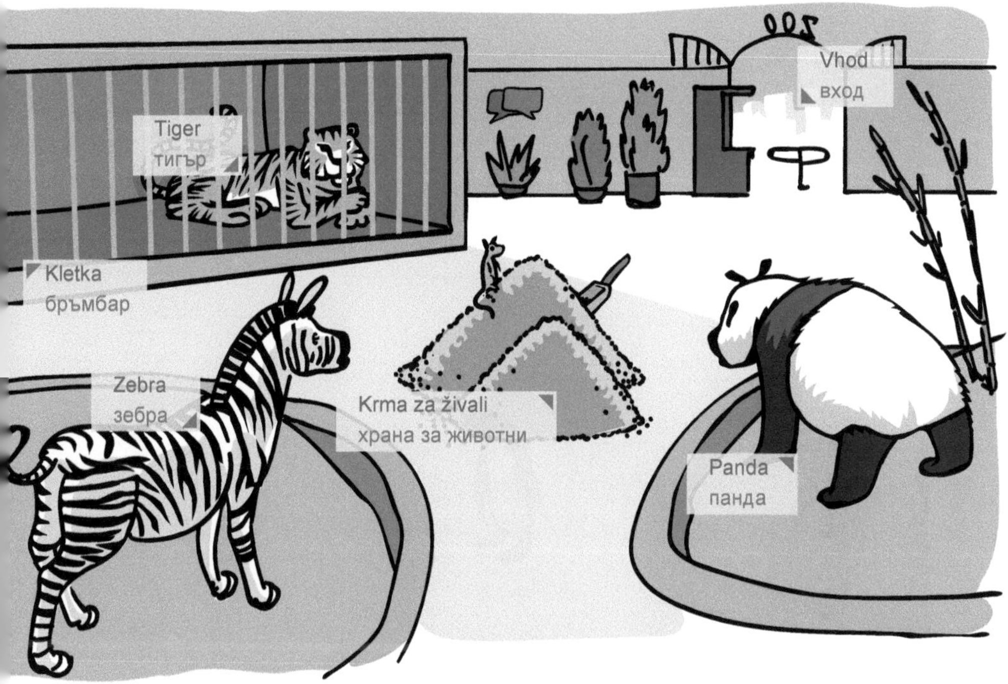

Tiger
тигър

Vhod
вход

Kletka
бръмбар

Zebra
зебра

Krma za živali
храна за животни

Panda
панда

Živali

животни

Slon

слон

Kenguru

кенгуру

Nosorog

носорог

Gorila

горила

Medved

мечка

**Kamela**

камила

**Noj**

щраус

**Lev**

лъв

**Opica**

маймуна

**Plamenec**

фламинго

**Papagaj**

папагал

**Severni medved**

бяла мечка

**Pingvin**

пингвин

**Morski pes**

акула

**Pav**

паун

**Kača**

змия

**Krokodil**

крокодил

**Oskrbnik v živalskem vrtu**

пазач в зоологическа
градина

**Tjulenj**

тюлен

**Jaguar**

ягуар

Poni

пони

Leopard

леопард

Povodni konj

хипопотам

Žirafa

жираф

Orel

орел

Divji prašič

диво прасе

Riba

риба

Želva

костенурка

Mrož

морж

Lisica

лисица

Gazela

газела

Ameriški nogomet
американски футбол

Kolesarjenje
колоездене

Tenis
тенис

Košarka
баскетбол

Plavanje
плуване

Boks
бокс

Hokej
хокей на лед

| Nogomet | Badminton | Atletika |
|---|---|---|
| футбол | бадминтон | лека атлетика |

| Rokomet | Smučanje | Polo |
|---|---|---|
| хандбал | ски бягане | поло |

**Skočiti**
скачам

**Smejati se**
смея се

**Objeti**
прегръщам

**Hoditi**
вървя

**Peti**
пея

**Sanjati**
сънувам

**Moliti**
моля се

**Poljubiti**
целувам

Pisati

пиша

Risati

рисувам

Pokazati

показвам

Potisniti

бутам

Dati

давам

Vzeti

взимам

**Imeti**

имам

**Narediti**

правя

**Biti**

съм

**Stati**

стоя

**Teči**

тичам

**Vleči**

дърпам

**Vreči**

хвърлям

**Pasti**

падам

**Ležati**

лежа

**Čakati**

чакам

**Nositi**

нося

**Sedeti**

седя

**Obleči se**

обличам

**Spati**

спя

**Zbuditi se**

събуждам се

**Gledati**

разглеждам

**Jokati**

плача

**Božati**

милвам

**Česati se**

реша се

**Govoriti**

говоря

**Razumeti**

разбирам

**Vprašati**

питам

**Poslušati**

слушам

**Piti**

пия

**Jesti**

ям

**Pospraviti**

разтребвам

**Ljubiti**

обичам

**Kuhati**

готвя

**Voziti**

карам автомобил

**Leteti**

летя

**Jadrati**

плавам (с платна)

**Računanje**

смятане

**Brati**

чета

**Učiti se**

уча

**Delati**

работя

**Poročiti se**

женя се

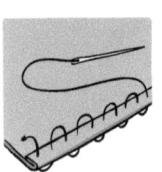

**Šivati**

шия

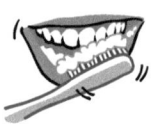

**Ščetkati si zobe**

измивам си зъбите

**Ubiti**

убивам

**Kaditi**

пуша

**Poslati**

изпращам

Stara mati
баба

Stari oče
дядо

Oče
баща

Mati
майка

Dojenček
бебе

Nči
дъщеря

Sin
син

Gost

посетител

Teta

леля

Stric

чичо

Brat

брат

Sestra

сестра

# Telo

## тяло

Čelo
чело
Oko
око
Rama
рамо
Prst
пръст
Obraz
лице
Brada
брадичка
Dlan
ръка
Noga
крак
Prsi
гърди
Roka
ръка

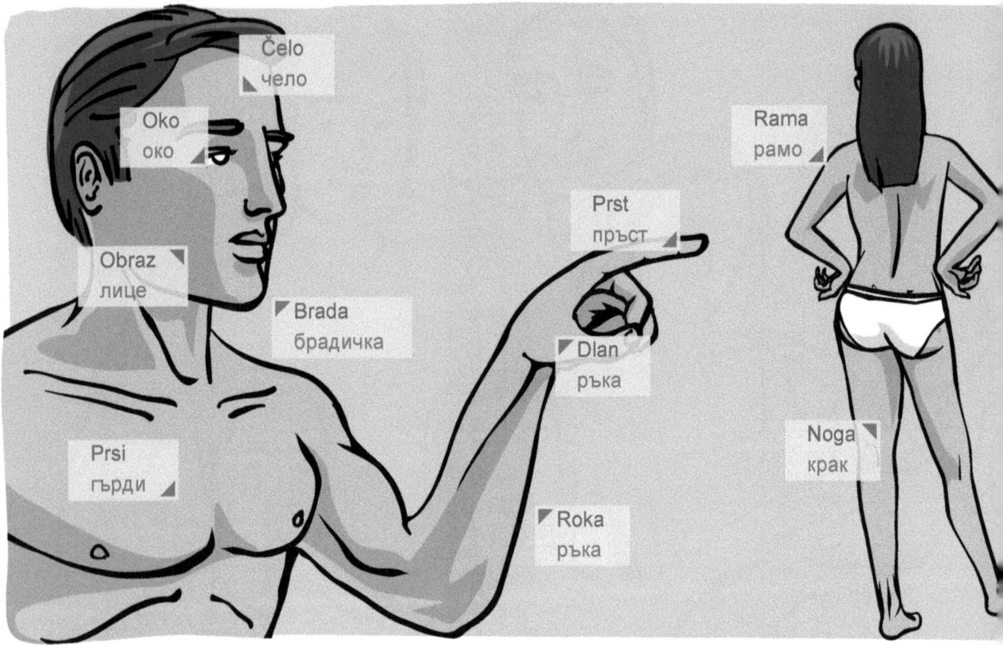

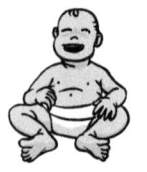

Dojenček

бебе

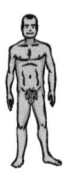

Človek

мъж

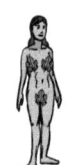

Ženska

жена

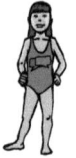

Dekle

момиче

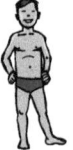

Fant

момче

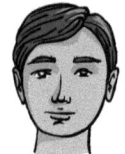

Glava

глава

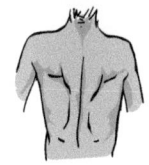

**Hrbet**

гръб

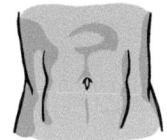

**Trebuh**

корем

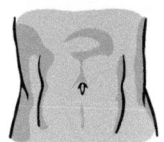

**Popek**

пъп

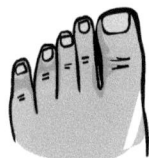

**Prst na nogi**

пръст на крака

**Peta**

пета

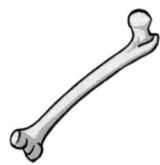

**Kost**

кост

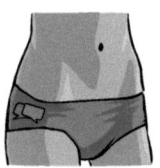

**Kolk**

хълбок

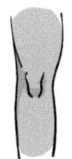

**Koleno**

коляно

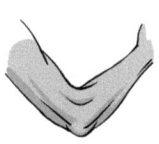

**Komolec**

лакът

**Nos**

нос

**Zadnjica**

седалище

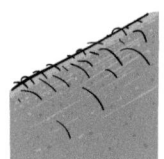

**Koža**

кожа

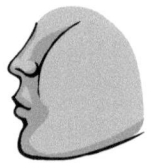

**Lice**

буза

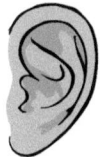

**Uho**

ухо

**Ustnica**

устна

**Usta**

уста

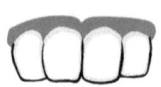

**Zob**

зъб

**Jezik**

език

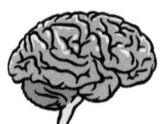

**Možgani**

мозък

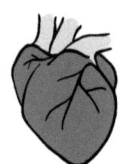

**Srce**

сърце

**Mišica**

мускул

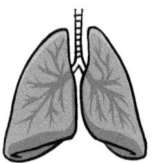

**Pljuča**

бял дроб

**Jetra**

черен дроб

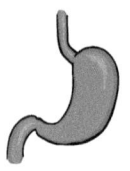

**Želodec**

стомах

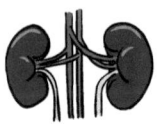

**Ledvice**

бъбреци

**Spolni odnos**

полово сношение

**Kondom**

кондом

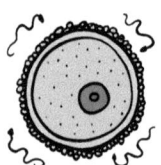

**Jajčece**

яйцеклетка

**Semenska tekočina**

сперма

**Nosečnost**

бременност

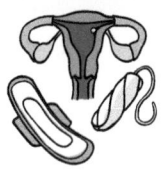

**Menstruacija**

менструация

**Vagina**

вагина

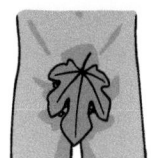

**Penis**

пенис

**Obrv**

вежда

**Lasje**

коса

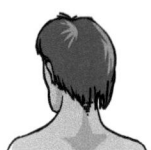

**Vrat**

шия

# Bolnišnica

## болница

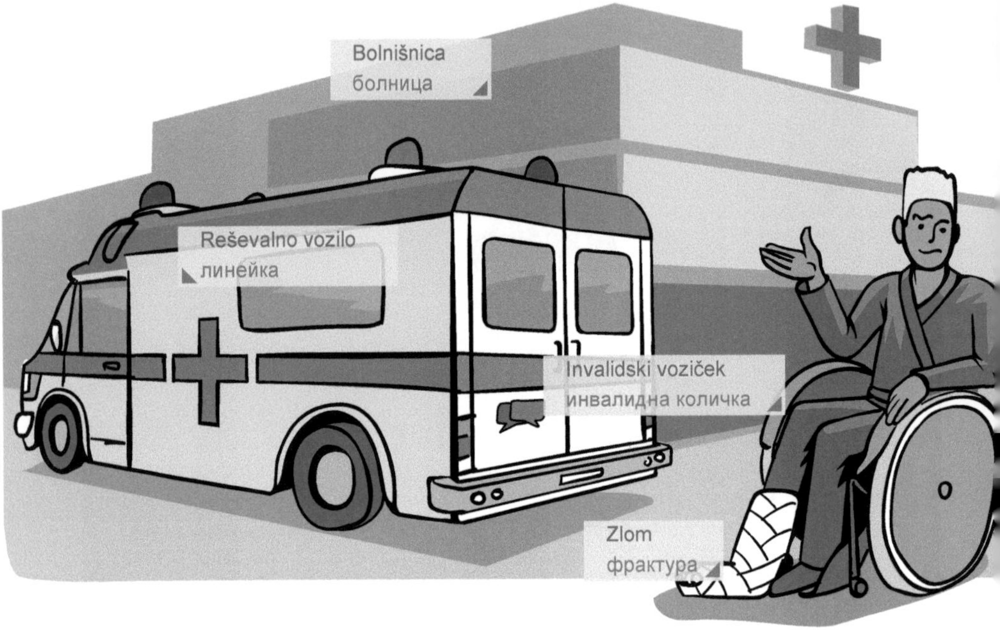

Bolnišnica
болница
Reševalno vozilo
линейка
Invalidski voziček
инвалидна количка
Zlom
фрактура


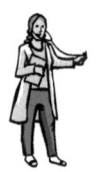

Zdravnik

лекар

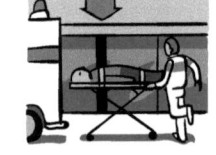

Urgenca

спешна хоспитализация

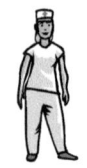

Medicinska sestra

медицинска сестра

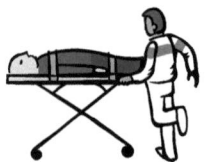

Nujni primer

спешен случай

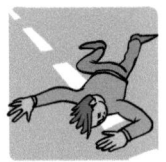

Nezavesten

в безсъзнание

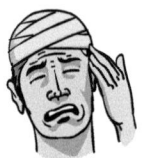

Bolečina

болка

**Poškodba**

нараняване

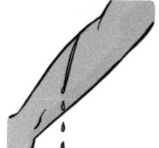

**Krvavenje**

кървене

**Srčni infarkt**

инфаркт

**Kap**

инсулт

**Alergija**

алергия

**Kašelj**

кашлица

**Vročina**

температура

**Gripa**

грип

**Driska**

диария

**Glavobol**

главоболие

**Rak**

рак

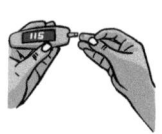

**Sladkorna bolezen**

диабет

**Kirurg**

хирург

**Skalpel**

скалпел

**Operacija**

операция

**CT**
компютърна томография

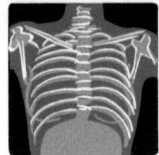

**Rentgen**
рентген

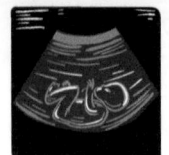

**Ultrazvok**
ултразвук

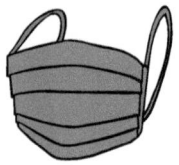

**Obrazna maska**
маска

**Bolezen**
болест

**Čakalnica**
чакалня

**Bergla**
патерица

**Obliž**
пластир

**Preveza**
превръзка

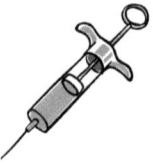

**Injekcija**
инжекция

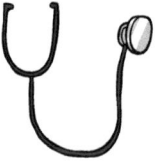

**Stetoskop**
стетоскоп

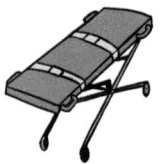

**Nosila**
носилка

**Klinični termometer**
термометър

**Porod**
раждане

**Prekomerna teža**
наднормено тегло

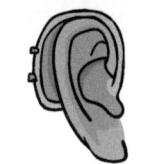

**Slušni pripomoček**

слухов апарат

**Razkužilo**

дезинфекционно средство

**Okužba**

инфекция

**Virus**

вирус

**HIV / AIDS**

HIV / AIDS

**Medicina**

медицина

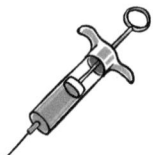

**Cepljenje**

ваксинация

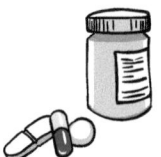

**Tablete**

таблети

**Tableta**

противозачатъчна таблетка

**Klic v sili**

спешно телефонно обаждане

**Merilnik krvnega tlaka**

апарат за измерване на кръвното налягане

**bolano / zdravo**

болен / здрав

Na pomoč!

Помощ!

Alarm

сигнал за тревога

Napad

нападение

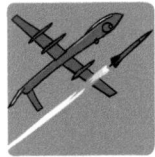

Napad

атака

Nevarnost

опасност

Izhod v sili

авариен изход

Gori!

Пожар!

Gasilni aparat

пожарогасител

Nezgoda

злополука

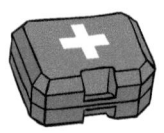

Komplet za prvo pomoč

комплект за оказване на
първа помощ

SOS

SOS

Policija

полиция

Evropa

Европа

Severna Amerika

Северна Америка

Južna Amerika

Южна Америка

Afrika

Африка

Azija

Азия

Avstralija

Австралия

Atlantski ocean

Атлантически океан

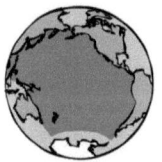

Tihi ocean

Тихи океан

Indijski ocean

Индийски океан

Južni ocean

Ожен ледовит океан

Arktični ocean

Северен ледовит океан

Severni tečaj

Северен полюс

Južni tečaj
..................
Южен полюс

Antarktika
..................
Антарктида

Zemlja
..................
Земя

Kopno
..................
суша

Morje
..................
море

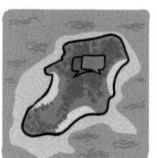

Otok
..................
остров

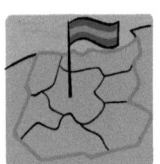

Narod
..................
нация

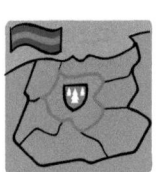

Država
..................
държава

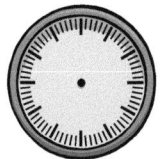

**Številčnica**

циферблат

**Urni kazalec**

стрелка на часовете

**Minutni kazalec**

стрелка на минутите

**Sekundni kazalec**

стрелка на секундите

**Koliko je ura?**

Колко е часът?

**Dan**

ден

**Čas**

време

**Zdaj**

сега

**Digitalna ura**

дигитален часовник

**Minuta**

минута

**Ura**

час

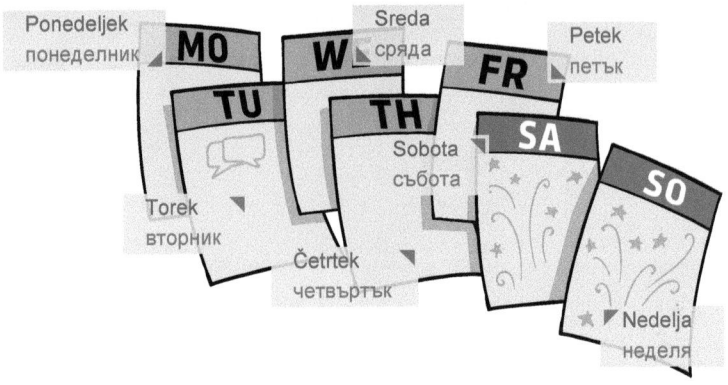

Včeraj

вчера

Danes

днес

Jutri

утре

Jutro

сутрин

Poldne

обед

Večer

вечер

Delovni dnevi

работни дни

Konec tedna

уикенд

# Leto

## година

Dež
дъжд
Mavrica
дъга
Veter
вятър
Sneg
сняг
Pomlad
пролет
Poletje
лято
Jesen
есен
Zima
зима


4.APRIL 11°
5.APRIL 4°
6.APRIL 13°
7.APRIL 8°
8.APRIL 10°


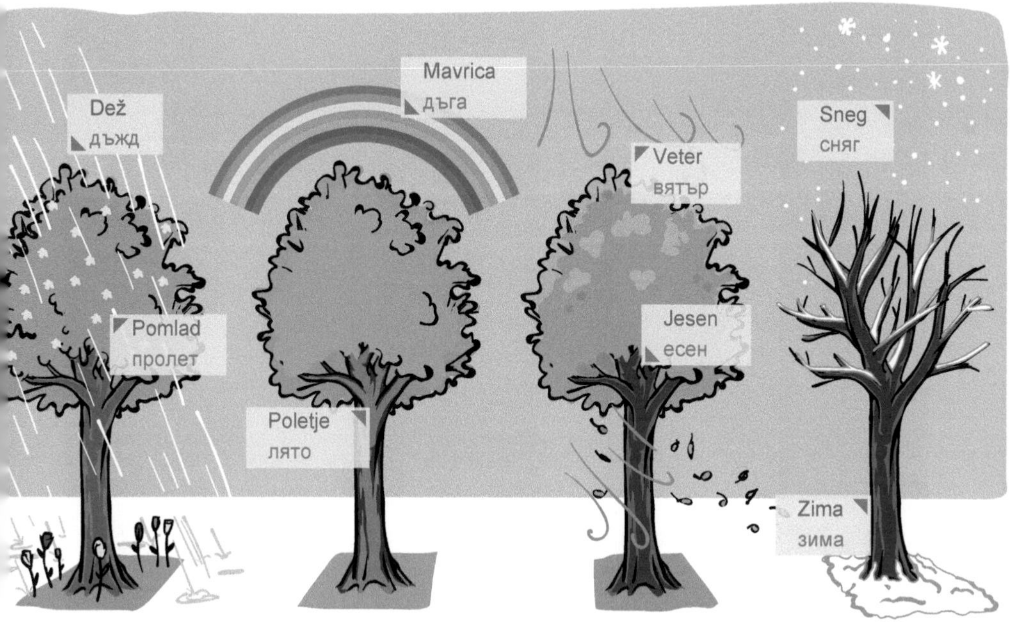

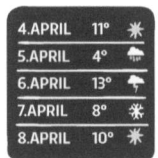

Vremenska napoved

прогноза за времето

F
C
120
90
60
30
0
-30
40
30
20
10
0
-10
-20


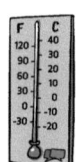

Termometer

термометър

Sončna svetloba

слънчева светлина

Oblak

облак

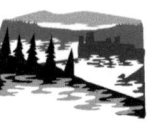

Megla

мъгла

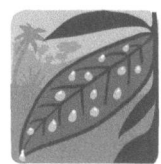

Vlažnost

влажност на въздуха

**Strela**

светкавица

**Grom**

гръмотевица

**Nevihta**

буря

**Toča**

градушка

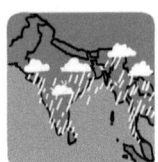

**Monsun**

мусон

**Poplava**

наводнение

**Led**

лед

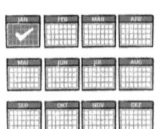

**Januar**

януари

**Februar**

февруари

**Marec**

март

**April**

април

**Maj**

май

**Junij**

юни

**Julij**

юли

**Avgust**

август

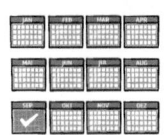

September
................
септември

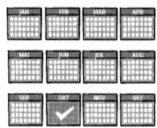

Oktober
................
октомври

November
................
ноември

December
................
декември

# Oblike
# форми

Krogla
................
кръг

Kvadrat
................
квадрат

Pravokotnik
................
четириъгълник

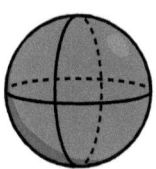

Trikotnik
................
триъгълник

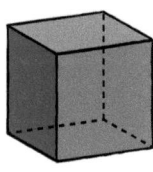

Krogla
................
сфера

Kocka
................
куб

Bela

бял

Rumena

жълт

Oranžna

оранжев

Rožnata

розов

Rdeča

червен

Vijolična

лилав

Modra

син

Zelena

зелен

Rjava

кафяв

Siva

сив

Črna

черен

veliko / malo

много / малко

jezno / umirjeno

ядосан / спокоен

lepo / grdo

красив / грозен

začetek / konec

начало / край

veliko / majhno

голям / малък

svetlo / temno

светъл / тъмен

brat / sestra

брат / сестра

čisto / umazano

чист / мръсен

popolno / nepopolno

пълен / непълен

dan / noč

ден / нощ

mrtvo / živo

мъртъв / жив

široko / ozko

широк / тесен

užitno / neužitno

ядлив / неядлив

zlobno / prijazno

сърдит / любезен

vznemirjeno / zdolgočaseno

развълнуван / скучаещ

debelo / vitko

дебел / тънък

prvo / zadnje

най-напред / най-накрая

prijatelj / sovražnik

приятел / враг

polno / prazno

пълен / празен

trdo / mehko

твърд / мек

težko / lahko

тежък / лек

lakota / žeja

глад / жажда

bolano / zdravo

болен / здрав

nezakonito / zakonito

нелегален / легален

pametno / neumno

интелигентен / глупав

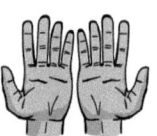

levo / desno

ляво / дясно

blizu / daleč

близо / далече

novo / rabljeno

нов / употребяван

nič / nekaj

нищо / нещо

staro / mlado

стар / млад

vklopljeno / izklopljeno

вкл. / изкл.

odprto / zaprto

отворен / затворен

tiho / glasno

тих / силен (звук)

bogato / revno

богат / беден

prav / narobe

правилен / погрешен

grobo / gladko

грапав / гладък

žalostno / veselo

тъжен / щастлив

kratko / dolgo

дълъг / къс

počasi / hitro

бавен / бърз

mokro / suho

мокър / сух

toplo / hladno

топъл / студен

vojna / mir

война / мир

**0**

Ničla

нула

**1**

Ena

едно

**2**

Dva

две

**3**

Tri

три

**4**

Štiri

четири

**5**

Pet

пет

**6**

Šest

шест

**7**

Sedem

седем

**8**

Osem

осем

**9**

Devet

девет

**10**

Deset

десет

**11**

Enajst

единадесет

| **12** | **13** | **14** |
|---|---|---|
| Dvanajst | Trinajst | Štirinajst |
| дванадесет | тринадесет | четиринадесет |

| **15** | **16** | **17** |
|---|---|---|
| Petnajst | Šestnajst | Sedemnajst |
| петнадесет | шестнадесет | седемнадесет |

| **18** | **19** | **20** |
|---|---|---|
| Osemnajst | Devetnajst | Dvajset |
| осемнадесет | деветнадесет | двадесет |

| **100** | **1.000** | **1.000.000** |
|---|---|---|
| Sto | Tisoč | Milijon |
| сто | хиляда | милион |

Angleščina

английски

Ameriška angleščina

американски английски

Mandarinščina

китайски мандарин

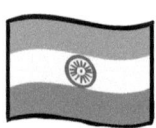

Hindujščina

хинди

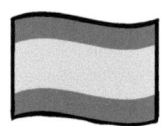

Španščina

испански

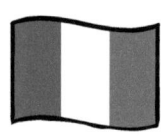

Francoščina

френски

Arabščina

арабски

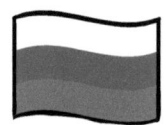

Ruščina

руски

Portugalščina

португалски

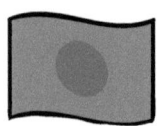

Bengalščina

бенгалски

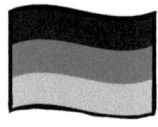

Nemščina

немски

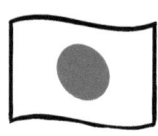

Japonščina

японски

Jaz

аз

Ti

ти

On / ona / tisto

той / тя / то

Mi

ние

Vi

вие

Oni

те

Kdo?

кой?

Kaj?

какво?

Kako?

как?

Kje?

къде?

Kdaj?

кога?

HELLO, I AM

Ime

име

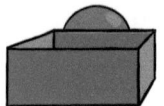

Zadaj

зад

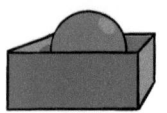

V

в

Pred

пред

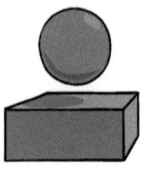

Nad

над

Na

върху

Pod

под

Poleg

до

Med

между

Kraj

място